L'ESPAGNE RÉGÉNÉRÉE

PAR

L'Assainissement de la Monnaie

SUIVI DU

PROJET DE LOI PRÉSENTÉ AUX " CORTÈS "

LE 21 OCTOBRE 1903

PAR M. VILLAVERDE, PRÉSIDENT DU CONSEIL DES MINISTRES

PAR

Georges POLACK

ANCIEN SECRÉTAIRE GÉNÉRAL DU CRÉDIT MOBILIER ESPAGNOL,

ANCIEN SECRÉTAIRE DE RÉDACTION DE *La Liberté*.

PRIX : **50** centimes.

PARIS

HENRI AVENEL, Éditeur

80, RUE TAITBOUT, 80 (IXe)

1903

L'ESPAGNE RÉGÉNÉRÉE

PAR

L'Assainissement de la Monnaie

L'ESPAGNE RÉGÉNÉRÉE

PAR

L'Assainissement de la Monnaie

SUIVI DU

PROJET DE LOI PRÉSENTÉ AUX " CORTÈS "

LE 21 OCTOBRE 1903

PAR M. VILLAVERDE, PRÉSIDENT DU CONSEIL DES MINISTRES

PAR

Georges POLACK

ANCIEN SECRÉTAIRE GÉNÉRAL DU CRÉDIT MOBILIER ESPAGNOL,

ANCIEN SECRÉTAIRE DE LA RÉDACTION DE *La Liberté.*

PRIX : **50** centimes.

868

PARIS

HENRI AVENEL, Éditeur

80, RUE TAITBOUT, 80 (IXᵉ)

—

1903

L'ESPAGNE RÉGÉNÉRÉE

PAR

L'ASSAINISSEMENT DE LA MONNAIE

Je me trouvais à Madrid au moment où les rênes du Gouvernement espagnol passaient des mains de M. Silvela à celles de M. Villaverde.

. J'ai eu alors l'occasion de causer avec plusieurs personnages marquants de la politique espagnole, entre autres avec le Chef de l'État, et j'ai pu, grâce à ces conversations, me rendre un compte exact de la situation du royaume voisin.

Je ne ferai qu'une très courte incursion dans le domaine de la politique, car je craindrais d'aborder des problèmes trop complexes et de soulever une polémique irritante que mon devoir est d'éviter.

Je dirai seulement que depuis l'avènement au trône du jeune roi Alphonse XIII, la politique s'est, comme on le sait, orientée dans le sens conservateur le plus marqué. Il ne pouvait en être autrement, puisqu'à la mort de M. Sagasta, le parti libéral s'est, pour ainsi dire, émietté, et qu'il faut lui laisser le temps nécessaire pour se reconstituer sous la conduite d'un chef habile, qui aura assez d'autorité, assez de prestige pour réunir les tronçons épars du fusionnisme.

Je suis donc persuadé, qu'à moins d'événements imprévus, le Cabinet présidé par M. Villaverde sera chargé, pendant une assez longue période, de conduire le char de l'État, jusqu'au jour où le parti libéral aura retrouvé son équilibre et pourra aspirer à diriger les destinées de la nation espagnole. Cette situation ne présente actuellement que peu d'inconvénients, car l'Espagne a traversé des crises fort aiguës, et il lui faut un gouvernement stable qui lui assure le calme pendant quelque temps.

M. Villaverde est certainement l'homme le plus qualifié pour présider ce gouvernement ; il jouit dans son pays d'une grande considération, et, à l'étranger, d'une notoriété fort justifiée, puisque dans le cours de sa longue carrière, il a pu connaître tous les rouages de l'administration publique, en voir les avantages, et en déterminer tous les défauts.

Sa mission est nettement tracée ; par suite des récentes déclarations de M. Silvela, il est devenu la tête du parti conservateur, et ses efforts doivent tendre au rétablissement d'une situation financière absolument normale.

Il a d'ailleurs parfaitement compris son rôle, car l'un de ses premiers actes a été la publication d'un remarquable travail sur la régularisation du change, préambule du projet de loi qu'il a rédigé et présenté aux Cortès (1).

Je n'ai pas à analyser ce travail ; je craindrais de fatiguer mes lecteurs en reproduisant des chiffres, intéressant presque exclusivement les spécialistes qui se consacrent à l'étude de ces questions ardues.

Je ne retiendrai des déclarations écrites de M. Villaverde que celle qui a trait à l'influence néfaste du cours du métal-argent dans le problème du change espagnol.

(1) Ce projet de loi a été présenté aux Cortès le 21 octobre courant et nous en donnons la traduction plus loin.

Comme l'observe avec beaucoup de justesse M. Villaverde, la cause principale de la perte que subissent les devises espagnoles réside dans la frappe excessive de l'argent en Espagne.

Le billet de banque espagnol n'est convertible qu'en monnaie d'argent, c'est-à-dire en un signe monétaire dont la valeur a subi une dépréciation énorme, puisque, depuis 1866, le cours de ce métal est descendu de 61 pence et 1/2 l'once Standard à 28 pence environ.

Les divers gouvernements qui se sont succédé au pouvoir en Espagne, depuis 1866, n'ont pas hésité à frapper de la monnaie d'argent pour réaliser des bénéfices illusoires, qui venaient grossir, pendant certaines années maigres, le budget, et c'est ainsi que l'on est arrivé à mettre en circulation : 1.047.154.200 Pesetas de véritables assignats métalliques.

Si l'Espagne n'avait pas cru devoir rester en dehors du concert des nations qui forment l'union monétaire latine, le mal aurait été pallié, au moins en partie, car le *Douro* espagnol aurait pu franchir les Pyrénées ; mais les hommes d'État de ce pays, pour des raisons que l'on ne connaît pas bien, n'ont pas jugé utile de prendre part à cette association de défense.

Le résultat est tangible aujourd'hui ; la pièce de 5 pesetas est prisonnière dans son pays ; car, dès qu'elle franchit le territoire espagnol, elle ne vaut plus que la moitié, et encore, de sa valeur nominale.

Qu'y a-t-il de surprenant à ce que l'or, qui, lui, conserve toujours sa valeur, dont le prix est immuable, ait peu à peu émigré ou se soit caché dans les recoins les plus écartés de la Péninsule Ibérique ?

On n'y voit donc plus une seule pièce du brillant métal jaune, et il a été remplacé par des chiffons de papier, valant de 25 pesetas à 1.000 pesetas, que la Banque d'Espagne met en circulation de temps à autre, pour remplacer ceux qui sont par trop maculés, ou, ce qui est fréquent, ceux qui ont été falsifiés grossièrement. L'Espagne possède plus de 1.600.000.000 pesetas de ces vignettes ornées de portraits d'hommes célèbres, et lorsque l'on veut convertir un de ces billets en monnaie métallique, la Banque, avec un empressement fort louable, remet au porteur de belles pièces d'argent à l'effigie des monarques qui ont régné sur les deux Castilles depuis la chute d'Isabelle II. Ces pièces sont lourdes, incommodes, et, ce qui est plus grave, elles ne circulent que dans l'intérieur du pays.

Comme nous le disons plus haut, dès qu'elles ont franchi les frontières, elles valent à peine 2 fr. 50 centimes, et on n'a pas lieu d'être surpris qu'il existe une dépréciation de 34 p. 100 sur le billet de banque espagnol.

Cette dépréciation devrait atteindre un chiffre beaucoup plus élevé, si quelques circonstances favorables ne venaient contrebalancer la perte réelle que subit la monnaie d'argent.

Par suite des échanges commerciaux de l'Espagne avec les autres nations, par suite des opérations de Bourse qui se font chaque jour, en raison des arbitrages financiers, par suite même des quelques sommes qu'emportent avec eux les voyageurs étrangers, la perte est légèrement diminuée. Mais c'est une erreur profonde de croire, par exemple, comme certains financiers, que la fameuse balance commerciale, c'est-à-dire la différence entre le chiffre des exportations et celui des importations, joue un rôle prépondérant dans la question du change.

D'après cette théorie, le change espagnol aurait dû s'améliorer d'une façon sensible, pendant les années où les exportations dépassaient les importations; or, que constatons-nous? C'est qu'en 1896, par exemple, où la balance commerciale présentait un solde en faveur de l'Espagne, de plus de 113 millions, le change était à 20.69 ; qu'en 1897, ce même solde était de plus de 165 millions, et le change s'élevait à 29.61 ; et, enfin qu'en 1898, année de la funeste guerre avec les États-Unis, le solde en faveur de l'Espagne dépassait 195 millions, et le change atteignait cependant 54.16.

C'est le démenti le plus éclatant que les faits puissent donner à certains docteurs ès sciences économiques.

Quant à l'exagération de la circulation fiduciaire, il est bien certain qu'elle est un des facteurs de la crise du change, et qu'elle a exercé, au moment de la lutte entre l'Espagne et les États-Unis, une influence fâcheuse ; mais, à cette triste époque, les préoccupations au sujet de l'avenir financier de l'Espagne étaient justifiées ; on pouvait craindre que la Banque fût entraînée par la ruine totale dela nation, et qu'alors les billets émis par elle ne fussent pas même convertibles en monnaie d'argent.

On serait, en présence d'une pareille situation, arrivé à imiter certains pays de l'Amérique du Sud, où le billet de banque ne circule que grâce au crédit de l'État, qu'aucune garantie métallique ne lui est assignée, et où il est, donc, fort logique que le papier-monnaie perde 50, 100 et 200 de sa valeur, lorsqu'on veut l'échanger contre la monnaie mondiale, qui est l'or.

Ceci posé, je ne crois pas que la circulation des billets espagnols soit exagérée, si l'on tient compte de la garantie que présente la Banque d'Espagne, tant en raison de son encaisse, qu'en raison de son portefeuille commercial et même financier, dont la valeur est absolument sérieuse.

La preuve que cette circulation n'a rien d'exagéré, c'est que la signature de la Banque d'Espagne est admise sans difficultés dans toute l'étendue du territoire, et que le plus humble paysan comme le plus riche propriétaire n'ont aucun scrupule à la prendre en paiement.

Je reviens à mon sujet, et j'affirme que si l'Espagne veut que la prime sur l'or disparaisse et fasse place à une situation normale, il faut que son gouvernement ait le courage de faire une amputation, peut-être cruelle pour le budget, et qu'il se décide à suivre l'unique voie sérieuse, c'est-à-dire qu'il adopte *l'étalon or*.

Tous les raisonnements, toutes les théories, ne peuvent tenir devant les faits; c'est perdre son temps que de discuter, lorsqu'il est si facile de porter remède au mal dont souffre la nation espagnole.

Je sais bien que tout le monde, de l'autre côté des **Pyrénées**, ne verrait pas avec satisfaction le change ramené au **pair**, c'est-à-dire la peseta au même niveau que le franc.

Les plus ardents défenseurs du *statu quo*, ce sont les gros producteurs dont le commerce d'exportation constitue le plus clair bénéfice. Ils redoutent de voir arriver le jour où disparaîtra cette prime à l'exportation, que l'on appelle le change; car, c'est grâce à ce change qu'ils soutiennent la lutte contre la concurrence étrangère.

Supprimez le change, et ils n'auront plus, pour se défendre, que les tarifs élevés de la douane, qui, cependant, devraient suffire à les protéger; aussi, de ce côté, et l'on y compte les plus gros bonnets de l'industrie espagnole, la résistance sera-t-elle sérieuse. Je crains bien que M. Villaverde ne puisse aborder que très timidement la réforme qu'il poursuit en véritable patriote. Il faut qu'il s'attende, dès que cette question sera en discussion, à trouver en face de lui une opposition tenace, et cette opposition procédera de ses propres troupes, car le parti conservateur n'est et ne peut être recruté que parmi ceux qui possèdent des apanages lucratifs.

Malgré son énergie, le Président du Conseil sortira-t-il victorieux de cette lutte, ou sera-t-il obligé de trouver un *modus vivendi*, une transaction, une formule, qui ne satisfera qu'une infime minorité, celle qui possède et qui gouverne? Quant à la majorité, c'est-à-dire la masse laborieuse, elle devra se contenter de protester, de se révolter parfois, car elle souffrira d'un mal dont elle constatera les effets, sans en démêler les causes.

L'ouvrier, l'employé, en un mot, toutes les classes dont les ressources sont maigres, ne *reçoivent leurs salaires qu'en monnaie d'argent* (nous avons vu plus haut que le billet de banque n'était pas autre chose) et *ils paient, par contre, tout ce qui est indispensable à leur misérable existence en monnaie d'or;* il suffit, pour s'en convaincre, de jeter un coup d'œil sur le prix de toutes les denrées en Espagne, et on verra qu'elles sont majorées de la valeur du change, et qu'elles en suivent les fluctuations.

Je ne veux pas dire, toutefois, que l'on doive jeter le manche après la cognée et que le problème soit insoluble. Je pense, au contraire, que la solution s'imposera d'elle-même; mais cette solution ne sera pas aussi rapide qu'on pourrait le désirer, si le Gouvernement avait le courage d'imposer sa volonté au pays, dans l'intérêt même de la nation tout entière. Je dis, dans l'intérêt même de la nation tout entière, et j'insiste sur ce point, car si le change disparaissait totalement, ou presque totalement, l'Espagne deviendrait ce qu'elle doit être, et ce qu'elle sera inévitablement dans un avenir plus ou moins éloigné.

J'ai souvent entendu dire que l'Espagne était un pays pauvre. Je prétends le contraire, car un pays ne peut être pauvre, lorsqu'il possède un sol et un sous-sol privilégiés, dont les ressources sont imparfaitement exploitées. Les touristes qui se rendent à Madrid, en traversant, près l'époque de la moisson, les terrains désolés de la Castille et de la Manche déclarent, *urbi et orbi*, que l'Espagne est un pays de misère. La plupart de ces touristes n'ont rapporté de leur voyage que des impressions détestables. Les hôtels sont mauvais, les chemins de fer marchent lentement, les villes sont mal entretenues; ils ne daignent s'enthousiasmer que pour le spectacle pittoresque du Cirque, pour les courses de taureaux, ou encore pour les gracieux ébats chorégraphiques de quelques émules d'Otéro ou de la Tortojada; c'est à peine si l'on consacre quelques instants aux admirables toiles qui remplissent les musées espagnols et aux grandioses monuments qui évoquent le souvenir des gloires passées.

On ne rapporte que des légendes absurdes, et c'est après quelques heures de séjour dans la ville la moins espagnole de l'Espagne, dans la capitale du royaume, que l'on juge toute la nation.

Il n'y a cependant rien de plus hétérogène que la population espagnole. Les provinces basques, l'Aragon, la Catalogne, l'Andalousie, l'Estramadoure, la Galice, sont réunies par une même constitution; elles sont régies par les mêmes lois, et cependant elles diffèrent essentiellement entre elles par les mœurs, par le climat, par les ressources, et, je dirai même, par le langage.

Il faut donc, pour connaître et apprécier l'Espagne, l'avoir parcourue du nord au sud, de l'est à l'ouest, et, par conséquent, avoir pu juger, *de visu*, du parti que l'on peut tirer des richesses naturelles du pays.

Je dirai à cet égard que, sans avoir la prétention de connaître l'Espagne dans tous ses recoins, je l'ai suffisamment visitée pour être en mesure d'affirmer qu'il y a peu de nations en Europe, dans lesquelles l'activité humaine puisse s'exercer avec plus de profit.

L'industrie agricole et l'industrie minière offrent un

champ illimité à cette activité, et ce qui manque à l'Espagne,
ce sont des hommes d'initiative, ayant pleine confiance dans
l'avenir, et abordant résolument l'exploitation de certaines
affaires.

Malheureusement, ces hommes ne trouvent pas dans le
pays l'appui financier qui leur est indispensable, parce
que les **capitalistes espagnols** sont défiants, et aussi **parce**
que l'État les a habitués, depuis de longues années, à
r etirer de magnifiques revenus, sans autre souci que
celui de prêter au Trésor, à des **taux plus que rémunéra**-
teurs.

Dans les petites villes et dans les villages, l'usure a beau
jeu, de telle sorte que l'agriculteur ne travaille que pour
accroître l'avoir de certains personnages, lesquels, grâce à
leur fortune, acquièrent une influence politique qui les rend
invulnérables.

Quant aux capitaux étrangers, il semble que l'on prenne
à tâche de les éloigner, quand il faudrait, au contraire, les
attirer en abondance.

Ai-je besoin de rappeler les mécomptes de ceux qui ont
contribué à la création du réseau ferré de l'Espagne? L'his-
toire n'en est **que trop connue, surtout en France, puisque**
c'est en grande partie notre épargne qui a fourni les capitaux pour la construction des chemins de fer espagnols. Les
Compagnies, qui ont été créées par les grands financiers du
siècle dernier, ont traversé des crises diverses, et elles
n'ont rencontré, il faut bien le constater, qu'un faible appui
auprès des pouvoirs publics.

On n'a tenu aucun compte des clauses du cahier des
charges, qui leur étaient imposées, et on a **commencé à les**
dépouiller lorsque M. Figuerola a décrété la refonte de la
monnaie espagnole.

Actuellement, la prime sur l'or cause le plus grave **pré**-
judice **aux Compagnies de chemins de fer,** puisqu'**elles**

encaissent leurs recettes en monnaie dépréciée et qu'elles paient leurs coupons en or.

Il se produit ce fait singulier, que, tandis que tous les négociants espagnols ont eu la faculté de majorer leurs prix de vente de la plus-value du change, les Compagnies de Chemins de fer ont dû continuer à appliquer des tarifs basés sur l'ancien régime monétaire, et il ne leur a pas été permis de les relever pour compenser la perte que leur fait subir l'élévation du change.

Je ne veux pas dire que le Gouvernement espagnol leur ait imposé une pareille iniquité, mais les Compagnies n'ont pas osé revenir à des taxes plus élevées, dans la crainte de diminuer leur trafic, et de soulever contre elles l'opinion publique, toujours trop disposée à attaquer les puissants. Ce sont cependant les Chemins de fer qui ont permis à l'Espagne d'entrer dans la voie du progrès, de développer des richesses inconnues, de donner à la nation les moyens de connaître et d'apprécier les bienfaits de la civilisation.

Si j'insiste sur cette question, ce n'est nullement pour prendre la défense des Compagnies de Chemins de fer; elles n'ont certes pas besoin que ma voix se fasse entendre en leur faveur. Elles sont administrées par ce que l'on est convenu d'appeler la Haute Banque, et je ne saurais admettre un instant que les Administrateurs de ces Compagnies n'aient pas l'influence, le tact et l'intelligence nécessaires pour défendre les intérêts qu'ils représentent.

Je ne parle donc de la situation faite aux Compagnies espagnoles que parce que leur sort a une répercussion évidente sur la marche des affaires de l'autre côté des Pyrénées.

Il est absolument certain que les mécomptes dont ont été victimes tous ceux qui ont des intérêts dans les Chemins de fer espagnols ont eu, et ont pour résultat d'entraver l'afflux des capitaux étrangers en Espagne.

Personne n'ose plus se risquer à prendre une part dans les entreprises de ce pays, du moment que la plus importante des industries, celle qui mérite la plus haute protection, est stérile.

Pour la rendre productive, personne ne l'ignore, il faudrait simplement ramener le change au pair, ou aux environs du pair, et, je l'ai dit plus haut, ce grave problème exige une résolution virile, dont beaucoup redoutent les effets.

Il y a là un cercle vicieux dans lequel on tourne sans aboutir, parce que l'on n'ose pas appliquer le seul remède possible, c'est-à-dire, comme je l'ai indiqué plus haut, *l'adoption de l'étalon or*.

Toutes les mesures prises jusqu'ici ont été bâtardes, et elles ont produit un résultat bâtard. Ai-je besoin, pour le démontrer, de rappeler le piteux échec du *Syndicat des francs*, conception bizarre, issue de je ne sais quels cerveaux assez naïfs pour croire que ce Syndicat allait faire affluer la monnaie saine dans la circulation ?

Il en est de même de toutes les propositions faites par des gens qui semblent ignorer la première notion du rôle que joue la monnaie métallique dans toutes les nations.

De toutes façons, il est indispensable que l'Espagne prenne un parti, car la continuation du *statu quo* pendant une longue période constitue pour elle un danger, dont elle ne se rend peut-être pas compte, mais qui pourrait, à un moment donné, avoir les pires conséquences.

Il serait très simple de ramener le change au pair, mais, comme je l'ai dit plus haut, il faudrait prendre une résolution virile, puisqu'en démonétisant la monnaie d'argent qui circule dans le pays, soit : environ *1 milliard de Pesetas*, la perte serait approximativement de 500 millions de Pesetas.

Cette somme est répartie entre la Banque d'Espagne, qui

détient environ 470 millions de Pesetas en monnaie d'argent; le solde se trouve entre les mains du public.

Celui-ci accepterait la perte qu'on lui imposerait, tout en maugréant quelque peu au début, mais il finirait par se rendre à la raison, parce que l'amélioration de toutes choses compenserait largement le sacrifice imposé par l'État.

En ce qui concerne la Banque d'Espagne, la question est différente; le Gouvernement ne peut pas exiger de cet établissement qu'il passe par profits et pertes une somme supérieure à 235 millions de pesetas.

C'est avec cet établissement que l'État doit s'entendre, et je suis convaincu qu'un accord serait très possible, car on pourrait facilement trouver une compensation au déchet résultant de la démonétisation de l'argent.

Si les financiers espagnols et étrangers voulaient se mettre d'accord, ils arriveraient certainement à trouver une solution avantageuse au problème. Il y en a d'ailleurs une très réalisable, que je n'ai pas à exposer ici, car le but que je poursuis n'est nullement de donner des conseils aux éminents personnages chargés de diriger les marchés financiers de l'Europe.

Je le répète, ce sacrifice s'impose, car qu'adviendrait-il, si le cours de l'argent métal venait, comme cela est fort possible, à subir une dépréciation encore plus sensible?

Le change s'aggraverait dans des proportions que nul ne peut prévoir; l'existence deviendrait de plus en plus intolérable, car le prix de toutes les denrées, celui de tous les objets indispensables à la vie, s'accroîtraient constamment, tandis que les salaires, *toujours payés en argent*, subiraient une réduction de plus en plus accentuée.

Ce serait, sans aucun doute, la perturbation sociale la plus intense, qui amènerait grèves sur grèves, et, comme le malade qui s'agite sans l'espoir de guérison, le peuple espagnol chercherait dans un bouleversement politique un remède à ses maux.

Si, au contraire, on veut bien ne pas s'illusionner et trancher dans le vif, l'Espagne régénérée deviendra ce qu'elle doit être, c'est-à-dire une nation florissante, où toutes les forces vives seront utilisées et contribueront à la prospérité et au bien-être de toutes les classes sociales.

Je pense que les hommes d'État qui gouvernent l'Espagne n'hésiteront pas ; entre le danger d'un cataclysme économique et social et l'espoir très fondé d'un relèvement rapide, leur patriotisme mettra l'intérêt de la nation au-dessus des intérêts mesquins de quelques-uns.

Je crois à ce relèvement, parce que, je l'ai indiqué dans le cours de ce travail, — l'Espagne possède des ressources dont personne encore n'a songé à tirer parti. Il suffira d'un peu de bonne volonté pour les mettre en valeur. Que faut-il, en effet, pour arriver à ce résultat? C'est ce que je vais faire en sorte d'examiner avant de terminer cette étude sommaire de l'avenir économique de l'Espagne.

Il y a tout d'abord lieu d'accroître la production agricole par la transformation de terres stériles en champs productifs. On atteindra ce but en créant un ensemble de canaux d'irrigation, qui viendront fertiliser des terres aujourd'hui sans valeur, et on obtiendra ainsi deux résultats : 1°, on produira une nouvelle source de richesses imposables ; et, 2°, on régularisera le cours désordonné des rivières torrentueuses, qui, aux époques des grandes crues, amènent des désastres terribles, comme l'inondation de Murcie, encore présente à toutes les mémoires.

Concurremment à ce réseau de canaux, il faudra créer un nouveau réseau de voies ferrées, soit à voie large, soit à voie étroite, qui deviendront les affluents naturels des grandes lignes en exploitation et qui en augmenteront leur trafic.

Ce réseau devra être étudié avec soin, pour que des

influences locales ne détournent pas les capitaux destinés, à construire ces nouvelles lignes, et ne les entraînent à la réalisation de projets stériles, et même ruineux.

Ce que nous disons des Chemins de fer secondaires, devra s'appliquer à la construction des nouvelles routes, car l'Espagne est, à cet égard, insuffisamment dotée, et les moyens de communication qui existent actuellement sont dans un état de délabrement tel que le trafic y est des plus pénibles et des plus onéreux.

Les nombreux gisements miniers que l'on découvre dans toutes les régions du territoire devraient être également l'objet d'une étude approfondie, car c'est dans l'exploitation de ces gisements que l'Espagne pourra trouver les éléments d'une prospérité sans cesse grandissante.

Je ne crois pas utile de rappeler ici que l'Espagne, depuis la plus haute antiquité, fournissait au monde une grande partie des minerais dont l'humanité extrayait les métaux indispensables à son existence. Les vestiges des travaux anciens, que l'on retrouve dans la plupart des exploitations modernes, en sont la plus éclatante preuve, et, dans certaines provinces, Grecs, Romains et Maures ont laissé la trace de leur passage dans l'antique Ibérie, et ils ont fourni la démonstration de leurs grandes capacités en matière de travaux agricoles, hydrauliques et miniers.

Je n'ai pas ici à faire montre d'une érudition qui serait hors de propos ; mais tous ceux qui ont étudié à fond les textes des auteurs grecs et latins savent parfaitement que mes affirmations sont exactes.

L'Espagne a, de tous temps, produit : l'or, l'argent, le cuivre, le plomb, le fer, en un mot tous les métaux usuels, et elle continue à produire en abondance : le fer à Bilbao, le cuivre à Rio-Tinto, le mercure à Almaden, le plomb à Linarès et à Carthagène, la houille dans les Asturies, et je ne cite ici que les exploitations connues de tous.

Pendant la période du moyen-âge, l'industrie minière ibérique a eu un moment d'arrêt, l'architecture religieuse absorbait toutes les intelligences et tous les bras. Depuis un siècle, la fièvre des mines s'est de nouveau emparée de l'Espagne. Elle a produit bien des désillusions, bien des ruines, mais elle a aussi contribué à créer d'immenses fortunes industrielles, qui ont, sur d'autres, le mérite de ne pas avoir pour origine les prêts à taux usuraires, ou les spéculations hasardeuses de la Bourse.

Le sol si tourmenté de l'Espagne offre, je le sais, bien des difficultés pour l'ingénieur chargé de l'explorer afin d'y découvrir des richesses minières inconnues, mais, que sont ces difficultés, en comparaison de celles que rencontrent sur leur route les prospecteurs qui ont découvert les trésors du Transvaal, de l'Australie, du Klondyke, de l'Alaska, et même ceux de la Côte occidentale d'Afrique?

Avec un peu de courage, un peu de bonne volonté, on arrivera à classer les mines espagnoles avec méthode, et leur exploitation donnera au Trésor des ressources telles, qu'elles suffiront à elles seules à faire face à toutes les dépenses budgétaires.

En ramenant le change à un taux normal, c'est-à-dire en faisant disparaître l'écart considérable qui existe entre la monnaie espagnole et celle des autres nations, on pourra aborder tous les problèmes que je viens d'indiquer, car l'Espagne n'est pas, comme certains le prétendent, un pays exsangue, anémié, désolé. C'est, au contraire, une nation pleine de vitalité, dotée par la nature de ressources latentes, qui ne demandent, pour être mises au jour, que les réformes qu'indiquent le bon sens et le progrès.

La population est pleine d'entrain, quelquefois même trop exubérante, grisée par des croyances naïves, que quelques-uns ont intérêt à entretenir, car le jour où l'instruction aura révélé au peuple espagnol ce qu'il doit être, et ce qu'il peut être, ce sera la fin de certaines influences, la chute irrémédiable de tous les abus.

Ce temps viendra, car il y a en Espagne une minorité intelligente, qui se rend très bien compte de l'infériorité de la nation, elle lutte courageusement pour l'avenir, et elle triomphera, car, malgré toutes les entraves que l'on apporte au progrès, la vérité suit sa marche triomphante, et elle inondera de lumière éclatante ceux qui s'efforcent de l'étouffer.

L'Espagne est notre voisine ; comme l'Italie, c'est une nation-sœur, dont la langue et les mœurs ont la même origine que les nôtres.

Nous ne pouvons rester indifférents à sa prospérité, au rôle politique, économique et social qu'elle est appelée à jouer dans les destinées de la vieille Europe.

Nous appelons donc de tous nos vœux le jour où elle reprendra le rang qui lui est assigné. Ce serait, à tous les points de vue, une énorme faute que de nous désintéresser de l'avenir de ce noble pays, où le soleil qui fait éclore les pampres vermeils, et le fruit doré des Hespérides, fait aussi germer dans le cerveau des Cervantes, des Lope de Vega, des Tirso de Molina, des Vélasquez et des Murillo les œuvres immortelles dont toute l'humanité est à juste titre si fière.

PROJET

POUR AMÉLIORER LE CHANGE

ET

RÉTABLIR LA CIRCULATION MONÉTAIRE

PRÉSENTÉ AUX " CORTÈS " LE 21 OCTOBRE 1903

PAR

M. VILLAVERDE
Président du Conseil des ministres.

Le travail qui précède était achevé, lorsque M. Villaverde a présenté aux Cortès le projet de loi sur l'assainissement de la monnaie en Espagne.

Nous donnons la traduction littérale de ce projet de loi, car il est l'expression fidèle de ce que j'ai indiqué dans les quelques pages de ma brochure, et je suppose qu'il sera lu avec intérêt par tous ceux qui suivent avec attention le problème du change en Espagne.

Je dois ajouter que l'opposition que je prévoyais contre les projets financiers de M. Villaverde n'a pas tardé à se manifester, comme on peut en juger par les derniers télégrammes reçus de Madrid.

PROJET DE LOI

Article Premier.

Sur la base du système monétaire, créé en vertu du décret-loi du 19 octobre 1868, avec les modifications définitivement introduites en vertu d'autres lois, spécialement celles des 26 décembre 1899 et 28 novembre 1901, le Gouvernement adoptera les dispositions les plus propres à rétablir la circulation et la frappe libre de la monnaie d'or.

Art. 2.

Une loi déterminera la date à partir de laquelle la peseta-or sera l'unité de compte et l'étalon monétaire en Espagne, et par suite, les pièces de ce métal deviendront les uniques monnaies effectives avec force libératoire illimitée, tandis que les pièces d'argent de 5 pesetas ne seront admises obligatoirement, aux termes de cette loi, que pour une somme limitée.

Art. 3.

Pour arriver à la stabilité du change sur l'étranger, et pour ramener la prime de l'or à un taux normal, il est créé à la Banque d'Espagne, sous les ordres du Ministre des Finances, un bureau spécial de change, chargé, par l'intermédiaire de cet établissement de crédit et de ses succursales, mais pour le compte du Trésor, de vendre et d'acheter, chaque fois qu'on le jugera opportun, des chèques, traites et toutes sortes d'effets payables en or ou en valeurs équivalentes.

Tant que ce bureau de change fonctionnera, la Banque d'Espagne ne pourra réaliser, sinon d'accord avec lui, aucune opération d'achat et de vente d'or ainsi que de lettres de change.

Art. 4.

Les décisions concernant le bureau de change seront du ressort exclusif du Ministre des Finances, lequel désignera pour l'exécution de ces décisions et pour la direction du bureau un membre du Conseil d'administration de la Banque d'Espagne, un fonctionnaire public, en service actif ou en retraite, ou toute autre personne possédant la confiance du Ministre, avec les appointements ou l'indemnité que celui-ci est autorisé à fixer. Cette dépense sera portée au compte indiqué par les articles 8 et 9 de la présente loi, et elle viendra en diminution des recettes.

Le ministre nommera également les fonctionnaires et les agents qu'exigera le service de ce bureau et fixera leurs émoluments.

Le bureau de change réalisera ses opérations avec la réserve que réclament son fonctionnement et l'intérêt public; les résultats de ces opérations de même que les soldes de comptes ne devront figurer dans les états de situation de la Banque d'Espagne, ni dans aucun autre document de comptabilité ou de statistique; ils ne seront mentionnés que sur le compte indiqué à l'art. 10.

Art. 5.

A partir de la promulgation de la présente loi, on paiera en or, conformément aux clauses de la loi du 22 février 1902, tous les droits d'importation à payer aux douanes, par suite d'expéditions commerciales.

Art. 6.

Le Ministre des Finances est autorisé à émettre et à
négocier, avec la garantie du revenu des Douanes, une
dette flottante en or, représentée par des billets du Trésor
à 90 jours de date, au taux que fixera le Conseil des
Ministres, jusqu'à concurrence d'une somme de cent millions de francs par an. Cette somme sera appliquée à titre
d'avance aux besoins du bureau de change, créé en vertu
de l'art. 3. Cette dette flottante pourra être négociée, au
fur et à mesure des besoins, par l'intermédiaire de la Banque
d'Espagne; elle sera couverte par le produit des droits à
l'entrée et à la sortie des marchandises, et elle devra être
amortie pendant le cours de l'exercice où elle aura été
émise.

Le Gouvernement et la Banque d'Espagne sont autorisés
à traiter, au moyen de crédits ouverts à l'étranger, ou dans
toute autre forme, à l'effet d'obtenir que l'avance des droits
en or, qui doivent être perçus par les Douanes, soit faite au
bureau de change.

Art. 7.

Le Ministre des Finances est également autorisé pour
émettre et négocier une avance, qui ne pourra pas dépasser
75 millions de francs, amortissable en 20 ans, garantie par
le revenu des Mines d'Almaden.

Art. 8.

Il est constitué un fonds de prévoyance pour faire face
à l'assainissement de la circulation monétaire.

Ce fonds sera alimenté :

1º Par l'excédent de la recette des droits d'importation
et d'exportation, lorsque les besoins du Trésor, en ce qui

coucerne le change, auront été couverts et jusqu'à concurrence d'une somme de 25 millions de pesetas. Le montant
sera porté au chapitre des obligations générales de l'État.
Ce crédit est accordé par la présente loi, pour l'exercice
1904, et sera appliqué à un chapitre de la 3° section du
budget de cet exercice.

2° Par la réduction des dépenses publiques, causées
par la *perte* du change sur les paiements que fait le Trésor
à l'étranger.

3° Par le produit de la négociation des valeurs créées sur
le revenu des Mines d'Almaden, négociation autorisée par
l'art. 7.

Art. 9.

Le fonds créé en vertu de l'article précédent sera employé
à faire face aux besoins du bureau de change et à constituer
la réserve nécessaire pour rétablir, au jour voulu, la circu-
latian de la monnaie d'or.

Les recettes, au fur et à mesure de leur rentrée, seront
déposées à la Banque d'Espagne, en compte-courant spécial
or ouvert au Trésor public.

Les pièces d'argent qui seront versées à ce fonds pour-
ront y rester déposées et être employées par le Gouvernement à la démonétisation et à la vente, et le produit sera
affecté à l'achat de lingots d'or, destinés à remplacer l'argent dans le fonds d'assainissement.

Le Gouvernement est également autorisé à démonétiser
de plus grandes sommes d'argent, et la perte en résultant
sera imputée au fonds de prévoyance, si dans l'avenir, on
le considère nécessaire pour le rétablissement de la circulation et de la libre frappe de l'or.

Art. 10.

La perte pour différence de change, résultant du compte

que doit présenter le bureau au Ministère des Finances,
par l'intermédiaire du Contrôle Général de l'Administration
de l'État, s'appliquera à un chapitre spécial de la 3e section
des obligations générales de l'État et remplacera les crédits affectés aujourd'hui dans le budget des dépenses à
solder la perte causée par l'envoi de fonds à l'étranger.

ART. 11.

En vue de l'état de la prime sur l'or et de l'existence de
ce métal dans le fonds de prévoyance et dans la réserve de
la Banque d'Espagne, la même loi à laquelle fait allusion
l'article 2 fixera le jour à partir duquel cet établissement
aura l'obligation d'échanger ses billets contre de la monnaie d'or.

ART. 12.

Le Gouvernement est autorisé à émettre et à négocier
une seconde série de titres de dette amortissable 5 pour
cent, dans les mêmes conditions et avec la même garantie
que ceux qui existent actuellement, jusqu'à concurrence
d'une somme nominale suffisante pour produire, au taux de
la négociation, *700 millions de pesetas* effectives, et en
plus le montant des frais de l'opération.

La dite dette Amortissable se négociera dans la forme et
au taux fixés par le Conseil des Ministres, pendant les
années suivantes et pour les sommes suivantes :

      100 millions effectifs en 1904
      200   —   —   1905
      200   —   —   1906
      200   —   —   1907

Tous les titres porteront la même date d'émission ; mais
en les négociant, on fixera l'annuité pour intérêts et amor-

tissement qui devra être portée au budget. Cette annuité sera calculée de façon à ce que l'amortissement des titres négociés soit fait :

en 186 trimestres pour ceux de l'émission de 1904,
en 182   —   —   —   1905,
en 178   —   —   —   1906,
en 174   —   —   —   1907,

de telle sorte qu'ils se trouvent ainsi dans une situation et dans des conditions tout à fait semblables à ceux qui circulent actuellement, et que, par suite, ils soient cotés de la même façon.

Le Gouvernement pourra, pendant la durée des quatre années, augmenter ou réduire le montant de la négociation fixée pour chacune d'elles, et cela en tenant compte de la situation du marché. Il pourra également proroger cette négociation, en raison de circonstances extraordinaires, mais il devra rendre compte de sa décision aux Cortès.

Le produit de chaque négociation, au fur et à mesure de la réalisation des titres, sera versé à la Banque d'Espagne, et s'appliquera exclusivement au paiement des *pagarès* provenant des Colonies et au paiement des dépenses causées par les émissions de ces valeurs.

Le Gouvernement est autorisé à augmenter l'émission de 200 millions, qui seront portés au second des objets du fonds de réserve, mais uniquement s'il lui est possible de les placer à l'étranger, sans que la nouvelle Dette perde son caractère d'intérieure et soit payable en pesetas.

Art. 13.

Pendant la durée des 4 ans, pendant lesquels doivent s'effectuer les remboursements indiqués à l'article 12, la Banque d'Espagne ne pourra ni réduire le taux de l'escompte, ni celui de l'intérêt de ses prêts sur titres, sans une autorisation du Ministre des Finances.

En aucun cas, le taux d'intérêt des prêts et crédits **avec** garantie, de même que celui des crédits personnels ne sera inférieur au taux le plus élevé du **revenu de** la Dette de l'État en circonstances normales.

Art. 14.

D'accord avec la Banque d'Espagne, le Ministre prendra les mesures propres à assurer la réduction du montant **de** la circulation fiduciaire, en consonnance avec le remboursement de son portefeuille des Pagarès du Trésor, provenant des Colonies.

Art. 15.

Une Commission présidée par le Ministre des Finances, composée de deux sénateurs, et de deux députés, désignés par les Chambres législatives, auxquels seront adjoints deux fonctionnaires nommés par le Conseil des Ministres, assistera le Gouvernement dans l'application des termes de la présente loi, dans la rédaction des règlements et autres dispositions de l'Administration ainsi que dans les projets ultérieurs de caractère législatif que son application exigera.

Cette commission surveillera toutes les opérations relatives au change sur l'étranger et à la circulation monétaire ; elle présentera, tous les ans, aux Cortès, par l'intermédiaire du Ministre des Finances, un rapport détaillé sur les résultats obtenus.

Art. 16.

Le Gouvernement déterminera et présentera, dans le plus bref délai possible, à l'approbation des Cortès, des

traités de commerce et arrangements commerciaux en vue
de développer les relations mercantiles de l'Espagne avec
l'étranger, et de faciliter l'extension de la production et de
l'exportation nationales.

Art. 17.

Les Ministres des Finances, d'Agriculture, du Commerce
et des Travaux publics, auront soin de favoriser sur les
principales places mercantiles de l'Espagne la constitution
de Chambres de compensation de toutes sortes de valeurs,
titres et signes de crédit. Ils adopteront et proposeront
également aux Cortès toutes les mesures propres à stimuler
le développement de la richesse nationale et à faciliter le
trafic.

Art. 18.

Toutes les dispositions contraires à la présente loi sont
dérogées ; le Gouvernement prendra les dispositions qu'il
jugera nécessaires pour son application, et il rendra compte
aux Cortès de l'usage qu'il aura fait des autorisations qui
lui sont conférées.

Madrid, 21 octobre 1903.

LE PRÉSIDENT DU CONSEIL DES MINISTRES,
RAYMUNDO F. VILLAVERDE.

IMP. DE SAINT-DENIS, — H. BOUILLANT, 20, RUE DE PARIS. — 15613

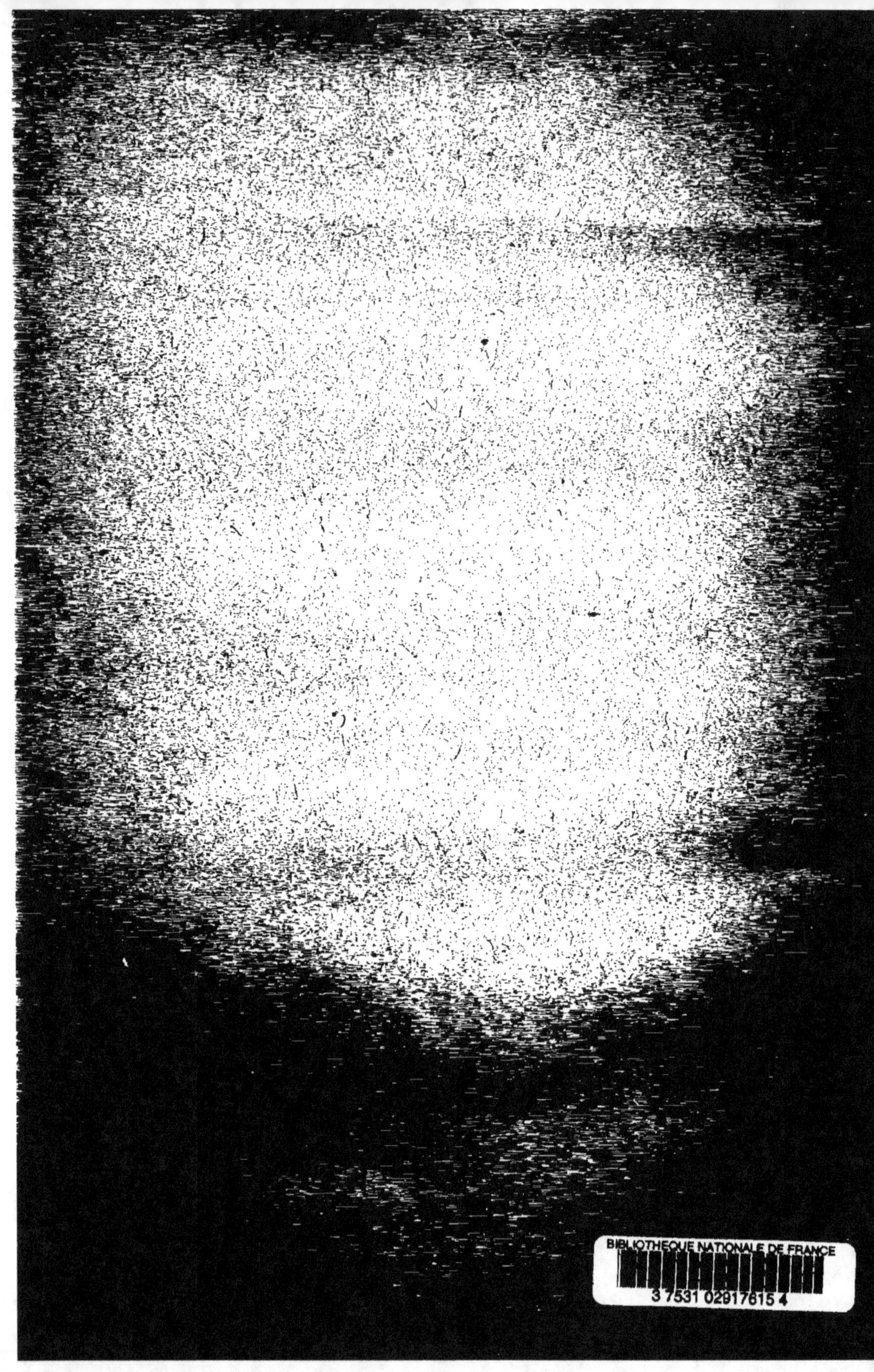